हवाएँ क्या क्या हैं

गह नसीमे-सबा है, गाह सुमूम
इस चमन में, हवाएँ क्या क्या हैं
—मीर

हवाएँ क्या क्या हैं

सुरेश सलिल

ISBN : 9789389373288

प्रथम संस्करण : 2020 © सुरेश सलिल
HAVAYEIN KYA KYA HAIN (Poetry) by Suresh Salil

राजपाल एण्ड सन्ज़
1590, मदरसा रोड, कश्मीरी गेट, दिल्ली–110006
फोन : 011–23869812, 23865483, 23867791
e-mail : sales@rajpalpublishing.com
www.rajpalpublishing.com
www.facebook.com/rajpalandsons

ये चश्मक भला तुमने सीखी कहाँ से
अभी पहलू में थे, अभी आँजहानी!

शतदल

मधु शर्मा, पंकज सिंह
और उन दोस्तों की याद को
जो अब यादों में ही बचे रह गये हैं

—सुरेश सलिल

क्रम

ग़ज़लें

आप कहते हैं चल रही दुनिया
हाथ फिर क्यूँ है मल रही दुनिया!

बाज़ुओं में था कभी ज़ोर, मगर
आज घुटनों घिसट रही दुनिया

पहले वादे निभाये जाते थे
आज वादों से टल रही दुनिया

आपका हुक्म, ख़ुदा ख़ैर करे
किस क़दर है दहल रही दुनिया

आप क़ाबिज हों चाँद तारों पर
दिन ब दिन क्योंकि ढल रही दुनिया

आपके सज रहे हैं दस्तरख़्वान
याँ तो फ़ाक़ों पे पल रही दुनिया

कल कबूतर उड़ाये जाते थे
आज गिद्धों से चल रही दुनिया

उफ़, कि नीरो बजा रहा बंसी
उफ़, शोलों में जल रही दुनिया

कभी दुनिया बदल रहे थे हम
आज हमको बदल रही दुनिया

तिरे होने से ही तो था जहाँ, कोई कुछ कहे-कोई कुछ कहे
तिरा अक्स ही तो है आस्माँ, कोई कुछ कहे-कोई कुछ कहे

तिरे साथ में सरे-राह भी था लगे कि मैं तो हूँ बाम[1] पर
दरो-बाम[2] है तो मैं ला मकाँ,[3] कोई कुछ कहे-कोई कुछ कहे

भले सुबह हो, भले शाम हो, जिसे देखो वो ही बुझा-बुझा
न वो राह है, न वो कारवाँ, कोई कुछ कहे-कोई कुछ कहे

वो गली, वो कूचे, वो सायबाँ, जो कभी हमारे थे पासबाँ
दिखें आज कैसे वो बेज़ुबाँ, कोई कुछ कहे-कोई कुछ कहे

किसे होश था करे फ़ैसला कहाँ इब्तिदा[4] कहाँ इंतेहा[5]
तिरा इश्क़ अब मिरा इम्तिहाँ, कोई कुछ कहे-कोई कुछ कहे

---

1. छत या ऊँची जगह 2. दरवाज़ा और छत 3. बेघर, 4. आरम्भ 5. अंत या हद

शजर[1] को नाज़ था गो बाग़बाँ पर
बचाया आँधियों ने सूखने से

वो परतौ[2] गुम गया जो बेख़ुदी में
कहाँ हाथ आना है अब ढूँढने से

सँभालोगे उसे कितना, कहाँ तक
बिखरता है जो सपना टूटने से

निभाई दोस्तों ने दोस्ती भर
बचाया दुश्मनों ने डूबने से

शिकस्ता रू[3] है कोई कितना आख़िर
पता चलता न सूरत देखने से

---

1. पेड़, दरख़्त 2. प्रतिबिम्ब, छाया 3. भग्न हृदय

हाय ग़ज़ब, एक तारा टूटा
टूटा सुर, इकतारा टूटा

वो बोले तो शोले भड़कें
मुसीबतों का मारा टूटा

उम्मीदें टूटीं, उनके सँग
दिल का एक सहारा टूटा

वादे और इरादे टूटे
आँखों से इक पारा टूटा

टूटी नींद, ख़्वाब भी टूटे
गीतों का गहवारा टूटा

टूटा जज़्बा कुछ करने का
और गले में नारा टूटा

अभी टूटने के ही दिन हैं
टूटे हम, जग सारा टूटा

आ जाओ, तुम्हारी ही राह देख रहा था
दर्वाज़े पे जा गाह-गाह देख रहा था

कुल आसमान काली घटाओं से है घिरा
मैं पार सियाही के माह[1] देख रहा था

अब्बू के तेवरों से भला मुझको क्या गिला
मैं तेरे चिराग़ो-निगाह[2] देख रहा था

कुछ लोग तुझे ढूँढते हैं शाहराह[3] पर
मैं तो हरेक ख़ानक़ाह[4] देख रहा था

तू तो था उसी क़ौसे-क़ुज़ह[5] की तलाश में
तुझको उधर वो कमनिगाह देख रहा था

---

1. चाँद 2. आँखों के दीये 3. राजपथ 4. फ़क़ीरों और दरवेशों के आश्रयस्थल 5. इन्द्रधनुप

ये बेकसी का दौर, कभी तो मिला करो
कट जाय किसी तौर, कभी तो मिला करो

हम-तुम जो मिलें मैकदा पल भर में हो फ़तह
साक़ी के जब्रो-जौर, कभी तो मिला करो

दो लोग भी वीराने पे पड़ सकते हैं भारी
आ जायेंगे कुछ और, कभी तो मिला करो

जो गलियाँ, जो कूचे थे कभी हम पे मिहरबान
दे देंगे फिर से ठौर, कभी तो मिला करो

मिल बैठने से ही तो मिले मिलने को उन्वान[1]
करियेगा ज़रा ग़ौर, कभी तो मिला करो

गूँजे, हाँ फिर से गूँजे भव-स्वतंत्रता का गान
गूँजेगा बहरतौर, कभी तो मिला करो

---

1. शीर्षक, मुद्दा, मक़सद, लक्ष्य

इस उदासी के लिए नाम बताओ कोई
क्यूँ घिरी रहती सुब्हो-शाम, बताओ कोई

रात भर कोह से तेशे से[1] गुफ़्तगू, फिर भी
क्यूँ ज़रामोशिए-गुलफ़ाम[2], बताओ कोई

नींद क्यूँ दूर शब ब ख़ैर से छिटकी रहती[3]
कौन डँस जाता सरे-शाम, बताओ कोई

इक नई दुनिया की तामीर[4] की वो जद्दोजहद
फिर भी क्यूँ ज़िन्दगी नाकाम, बताओ कोई

सरफ़रोशी से इंक़लाब का आग़ाज़[5] हुआ
क्या उस आग़ाज़ का अंजाम, बताओ कोई

---

1. पहाड़ और कुदाल से 2. फूल जैसे कोमल शरीर वाले, यानी प्रेमी (या प्रेमिका) ने भुला दिया 3. नींद क्यों नहीं आती कि रात सुखपूर्वक बीते 4. निर्माण 5. शुरुआत, आरम्भ

तुम्हारा चेहरा पहचाना हुआ सा है
लबो-लहज़ा सुना जाना हुआ सा है

तुम्हारे चेहरे पे कल था फ़ुरोग़े-मै रक़्साँ[1]
मगर क्यूँ आज मुझाया हुआ सा है

तुम्हारे चेहरे पे था नाज़ बादबानों[2] को
पर अब तूफ़ान इक बर्पा हुआ सा है

तुम्हारा चेहरा कभी होता था किताबे-हुस्न
मगर हर वर्क़[3] अब बिखरा हुआ सा है

तुम्हारे चेहरे से था कारोबार शे'रों का
तुम्हारा चेहरा अब खोया हुआ सा है

तुम्हारे चेहरे की शुहरत थी बतौरे-ख़ुशचश्म[4]
पर अब पलकों पे कुछ छलका हुआ सा है

तुम्हारे चेहरे पे ये सलवटें सी कैसी हैं
तुम्हारा चेहरा कुछ कहता हुआ सा है

---

1. शराब की चमक थिरकती थी 2. नाव या जहाज़ के पाल 3. पृष्ठ, पन्ना 4. हँसती हुई आँखों के रूप में

अब तो ख़ारों से ही दामन को सजाना होगा
काग़ज़ी फूलों से ख़्वाबों को बचाना होगा

अब क़दमबोसी करेगी न कहकशाँ कोई[1]
अधजली बस्तियों के बीच से आना होगा

तीरगी जुरअतआज़मा हुई तग़ाफुल में[2]
उसको सूरज की अदालत में बुलाना होगा

इश्क़ के हिज्जे में[3] तब्दीलियाँ लानी होंगी
इक शजर आब का[4] सीने में उगाना होगा

अब रहे-इश्क़[5] तितलियों की रक़्सगाह[6] नहीं
क्रूस काँधे पे, शबे-वस्ल[7] का बाना होगा

---

1. अब कोई आकाशगंगा पाँव नहीं चूमेगी 2. बेख़्याली के चलते अँधेरा हमारी परीक्षा लेने पर आमादा है 3. वर्तनी, स्पेलिंग 4. पानी का पेड़ 5. प्रेम-पथ 6. नृत्यशाला 7. मिलन रात्रि

पहलु-ए-ख़्वाब में भी तुम न गर क़रीब हुए
तब तो तै है कि हम पैदाइशी ग़रीब हुए

ख़्वाबबीनी भी मियाँ शग़्ल है, कर लो-कर लो
दरहक़ीक़त तो तुम उस दस्त की जरीब[1] हुए

रौशनी के लिए इक शम्अ ही काफ़ी होती
बदनसीबों के पर ऐसे कहाँ नसीब हुए

उनके आते ही याँ, आ जाये बज़्म में रौनक़
एक तुम हो कि ख़ुद काँधा हुए, सलीब हुए

ख़्वाब यारों ने दिये, ज़ख़्म भी, तन्हाई भी
तुम्हारे साथ 'सलिल' हादसे अजीब हुए

---

1. हाथ की छड़ी

दिल के भीतर मिरे इक् और घर है
ब राहे-दीदा[1] उस घर की डगर है

ज़माने से य' घर ख़ाली पड़ा है
न आख़िर तक रहे यूँ ही, य' डर है

भले छोटा सही, पर घर तो है ही
बची भी अब कहाँ ज्यादा उमर है

कोई आयेगा इस गोशे में रहने
अभी तक आस्ताना मुंतज़िर है[2]

---

1. आँखों की राह 2. दहलीज़ को इन्तज़ार है

यह ज़माना बड़ा अजब हैगा
हरेक शख़्स याँ ग़ज़ब हैगा

सैर के वास्ते चमन क्यूँकर
पास बाज़ार है, वाँ सब हैगा

हवा के रुख़ पे बस नज़र रखिये
यही इस दौर का सबब[1] हैगा

जो न कर पाये क़दमताल यहाँ
तैशुदा है वो तिश्नालब[2] हैगा

हम ज़माने की क्यूँ करें परवा
हमारे सर पे दस्ते-रब[3] हैगा

---

1. मतलब, आशय 2. प्यासा, वंचित 3. ख़ुदा का हाथ, ईश्वर की कृपा

किनारे से हट कर गया दूर पानी
कि हो मुत्मइन[1] किस तरह ज़िन्दगानी

नसीमे-सहर कितनी अल्हड़, कि देखो
कभी ख़ुशाख़रामी, कभी जाँफ़िशानी

वो मौजें मचलती हुई नै[2] की लय पर
मगर बेज़ुबाँ इक शजर[3] की कहानी

शजर की कहानी अधूरी ही रहनी
मयस्सर कहाँ अब कोई मिस्रा सानी[4]

---

1. ख़ुशहाल, निश्चिंत 2. बाँसुरी 3. पेड़, दरख़्त 4. शे'र का दूसरा चरण (पंक्ति)

ख़मोशी का ज़माना आ गया है
क़फ़स[1] को मुस्कुराना आ गया है

मुबारकबाद उनको, उनकी ज़द में[2]
हमारा आशियाना आ गया है

उजाला रह गया है ख़्वाब बन कर
अँधेरे से निभाना आ गया है

य' गुलशन अब परिंदों के हवाले
उन्हें परचम उठाना आ गया है

गुलों में जाँफ़िशानी[3] आ गई है
क़फ़स में मुस्कुराना आ गया है

---

1. पिंजरा, क़ैदख़ाना 2. पकड़ या गिरफ़्त में 3. जान पर खेल जाना

राह हो चुकी तमाम, गो सफ़र तवील[1] है
सामने खड़ी है शाम, गो सफ़र तवील है

साहिलों पे रहज़न हैं, मौजें तुंद हैं बहुत
कश्तियाँ भी ला मुक़ाम, गो सफ़र तवील है

दश्त है, कि तीरगी के हौसले बुलंद हैं
हमसफ़र बराएनाम[2], गो सफ़र तवील है

गो शिकस्तापा[3] हूँ मैं, उनपे हैं सवारियाँ
गिड़गिड़ाना है हराम, गो सफ़र तवील है

---

1. लम्बा 2. कहने भर को, नाम-मात्र 3. पैरों से विवश

नींद के पहलू में ख़्वाबों की ये कैसी आमद
रफ़्तगी[1] तै है, याँ कोई न ठहरने वाला

बूदगी[2] का न करे ज़िक्र यहाँ कोई अब
कोई उन्वान[3] न फ़िलवक़्त उभरने वाला

दिल के बहलाने को लाखों हैं राहतें बेशक
साथ जायेगा पर इक ज़ख़्म न भरने वाला

कैफ़ियत जानते होगे कि 'सलिल' की तुम भी
ज़ख़्म-दर-ज़ख़्म, मगर उफ़ न वो करने वाला

---

1. जाना 2. हैसियत, अस्तित्व 3. प्रयत्न, युक्ति

हाले-दिल पूछते हो क्या, कि बता भी न सकूँ
ज़ख़्म जो चस्पाँ हैं दिल पे वो दिखा भी न सकूँ

वो भी क्या उम्र थी, पापोश-सा बिछ जाता था
अब ये आलम है, बुलाओ तो मैं आ भी न सकूँ

मिल के क्या होगा, मुझे छोड़ो मिरे हाल पे' अब
चल के तुम आओ औ' मैं हाथ मिला भी न सकूँ

इससे बढ़कर भला क्या होनी है ख़्वारी अपनी
याद आना भी न चाहूँ औ' भुला भी न सकूँ

ये   कमनिगह   ज़माना
कब   तक, ज़रा   बताना

ये   सलेट   सी   सियाही
कि   पढ़ेगा   कोई   दाना

शम्अ   भला   क्या   जाने
क्यूँ   मर   मिटा   परवाना

तुझको   तो   सिर्फ़   आता
मूँ   चिढ़ा   के   देना   ताना

मिरे   दर्द   में   निहाँ   है
इक   उदास   आशियाना

इक ख़लिश है दिल में, उनका
पहलू   से   उठके   जाना

जाती   नज़र   जहाँ   तक
वीराना   ही   वीराना

नदी के घाट पर जब तुम मिले थे
हृदय में स्वप्न के सरसिज खिले थे

सतह पर फेन हिलता था हवा से
वहाँ नीचे; हमारे दिल हिले थे

वो क्रंदन था नहीं व्यायोग ही भर
विपर्यय के शरों के सिलसिले थे

अनुष्टुप थरथरा कर रह गया था
नदी के घाट पर जब तुम मिले थे

ख़ुशनुमाँ लोग हैं, ख़ुशफ़हमी है
वाह, क्या ख़ूब गहमागहमी है

एक मैं हूँ कि मिरे कूचे की
अजब फ़िज़ा है, हवा सहमी है

जुबाँ से अब जुदा लबो-लहज़ा
दिल की हर बात दिल में रहनी है

जो रास आये उनको वो कहिए
न कहिए दरअसल जो कहनी है

बस्तियों से दूर जाया चाहिए
दश्त[1] में इक घर बनाया चाहिए

साक़ि-ओ-पीरेमुग़ाँ[2] को तर्क कर
इक नया आईन[3] लाया चाहिए

भूल कर सारे गुज़िश्ता ख़्वाब[4] अब
इक नया सरगम उठाया चाहिए

आ गये कपड़े उतरवाने के दिन
जिस्म ख़ारों में छिपाया चाहिए

चाहिए जो था, न मुमकिन हो सका
जो न मुमकिन, कर दिखाया चाहिए

---

1. वीराने में 2. साक़ी और मदिरालय का बूढ़ा प्रबंधक 3. नियम, कानून 4. पुराने सपने

ज़माने की थकी आवाज़ हूँ मैं
मगर जीने का इक् अंदाज़ हूँ मैं

नहीं कल मेरा कोई ज़िक्र होगा
मगर हाँ, आज का आग़ाज़ हूँ मैं

पर तो सब सपनों पे परवान चढ़े
सपने अब भी हैं और परवाज़ हूँ मैं

वो क़दम फूँक फूँक के रखते
दम ब दम चलने का अंदाज़ हूँ मैं

ता क़यामत जो गूँजेगी फ़लक पर
उसी मौसीक़ी का इक साज़ हूँ मैं

चल दिये बेख़तर आदमी के लिए
ज़िन्दगी का सफ़र आदमी के लिए

मैंने चाहा न वो, जो कि सबको न हो
दे दिया बेशतर आदमी के लिए

आदमी आदमी को करे दर ब दर
आदमी दर ब दर आदमी के लिए

आदमी के लिए आदमी जान दे
आदमी पुरख़तर आदमी के लिए

अब तो बस देखने को आलम है
क्या ख़ुशी, और भला क्या ग़म है

सुर्ख़ियाँ हैं फ़क़त अख़बारों में
शग़्ल है उनका, अपना मातम है

उनकी नज़रें हैं ग़ाज़ापट्टी पर
यू.एन.ओ. क्या है, महज़ मर्हम है

दरमियाँ जंग ओ जम्हूरत के
फ़ासिला है भी अगर, कम कम है

बायें बाजू भले खड़े हो तुम
गुमशुदा वाँ भी सुर्ख़ परचम है

बहुत भरमे इस सफ़र में
पूछ लो तुम शहर भर में

शोर था, बेगानगी थी
गली-कूचे में, डगर में

ख़ौफ़ सा कुछ काँपता था
हर कँगूरे की नज़र में

आइए, तस्लीम कर लें
ये उदासी ही मेहर में

ग़ज़ल कहना बहुत मुश्किल
है 'सलिल', छोटी बह्र में

हृदय हुआ है पारा पारा
कैसे कहूँ, तुम्हारे द्वारा

कोई झील किनारे विहरे
मेरे भाग लिखी है धारा

आसमान तक ठिठक गया है
टूटा शायद कोई तारा

इकतारा अब तुम्हीं सँभालो
बहुत थक चुका है बंजारा

'सलिल' तुम्हारे हिस्से आई
सिर्फ़ उपेक्षा की यह कारा

रह-रह के मुझे हैरत होती, कोई आग तुम्हारे दिल में नहीं
कोई आग तुम्हारे दिल में नहीं औ' रह्मो-करम क़ातिल में नहीं

सद चाक किसी का सीना हो, बर अक्स सुते हों गर ख़ंजर
तब बेख़्याली के मा'नी हैं जीने की ललक ग़ाफ़िल में नहीं

ये दैरो-हरम हैं जितने भी, सिज्दे की तिजारत करते हैं
इनके चक्कर में आया जो, कुछ भी उसके हासिल में नहीं

कुछ भी उसके हासिल में नहीं जो क़िस्मत लेकर बैठा है
जो क़िस्मत लेकर बैठा है उसकी गिनती आमिल[1] में नहीं

---

1. आशावान, उम्मीदवर

ये दिल्ली है, इस दिल्ली से अब डरना पड़ेगा
मरने के लिए और कहीं चलना पड़ेगा

दहलीज़ के उस पार से बाज़ार शुरू है
क्या हमको-तुमको जिन्स में अब ढलना पड़ेगा!

दूकानें हैं, उनमें सजे हैं चेहरे-दर-चेहरे
दूकान क्या चेहरों की हमें बनना पड़ेगा!

मानिंदे-कहकशाँ[1] था कभी कारवाँ अपना
अब सुबह के तारे की तरह ढलना पड़ेगा!

---

1. आकाशगंगा की भाँति

इस जहाँ को जहाँ कहें कैसे
तुम हो अपने, वहाँ कहें कैसे

हक़ के हक़ में अगर दराज़ न हो[1]
तो ज़ुबाँ को ज़ुबाँ कहें कैसे

तिरे अबरू के बाँक[2] से कमतर
है कमाँ, तो कमाँ कहें कैसे

कि ख़ुद असीर[3] है वो शीशे[4] का
उसको पीरे-मुग़ाँ[5] कहें कैसे

कि नफ़्स-नफ़्स[6] में रवाँ है जो
उस निहाँ[7] को अयाँ[8] कहें कैसे

---

1. सत्य के पक्ष में अगर न खुले 2. भौंह के मोड़ 3. क़ैदी 4. मधु-पात्र, बोतल 5. मदिरालय का प्रबंधक 6. साँस-साँस 7. अन्तर्निहित, छिपा हुआ 8. प्रकट, खुलासा

सहरा में छटपटाता हुआ एक तिश्नाकाम
इतनी सी कैफ़ियत है, वले[1] पूछियो न नाम

नामों की दौड़-धूप में गुमनाम शख़्स को
क्यूँ फ़िक्र हो भला कि है बदनाम या सरनाम

इक मोड़ जहाँ तिश्नगी ही लुत्फ़े-मै बने
उस जा, सिवा ख़लिश के; मिले और क्या ईनाम

महरम[2] की तलाशे-सुकूँ उससे ही पूछियो
मेरी हर इक् तलाश सिवा तेरे ना तमाम

दावा-ए-मुहब्बत करे कोई तो किस तरह
जब चाक लिफ़ाफ़ों में ख़त आते 'सलिल' के नाम

---

1. किन्तु, लेकिन 2. विज्ञ या जानकार

पज़्मुर्दा[1] दिल को राहते-बेदार[2] नहीं है
अब दीद के क़ाबिल कोई दीदार नहीं है

महवश[3] तो बहुत होंगे दरमियाने-नाज़िरीन[4]
पर बात अदा की है, मिरा यार नहीं है

गलियाँ न वो, कूचे न वो, थे जिनसे हमक़रीब
बाज़ार बिछे हैं, दरो-दीवार नहीं है

ऐवान है, अदब है, है जामो-शराब भी
सब कुछ है, मगर दौर का किरदार नहीं है

रोने को 'सलिल' अब तिरे सफ़रे-अख़ीर में
जुज़ बहरो-ज़मीं,[5] कोई भी ग़मख़्वार[6] नहीं है

---

1. खिन्न, उदास 2. चेतना 3. चाँद जैसा 4. उपस्थित जनों में 5. सागर और धरती, छंद व तुक योजना (श्लेष) 6. दुखी या ग़मगीन

इस गुलिस्तान में अब गुल से बढ़ कर ख़ार हैं
बुलबुलें हैं क़फ़स में, सैयादहा[1] सरशार हैं

कोई गुनगुन कोई नग़्मा कोई मौसीक़ी नहीं
ख़ामुशी है ख़ौफ़ है, शबख़ून[2] के आसार हैं

भूख दहक़ाँ[3] की हक़ीक़त, ख़ोशा गंदुम[4] ख़्वाब भर
दर्या पानी को तरसते, नाले से लाचार हैं

हर तरफ़ ग़ारतगरी है, वाह वा जम्हूरियत
तेरे पहलू में कुशादा[5] सिर्फ़ कुछ ज़रदार[6] हैं

---

1. सैयाद (शिकारी) का बहुवचन 2. रात में क़त्लेआम 3. किसान 4. गेहूँ या अनाज की बाली
5. सुखी 6. धनी लोग

सबको अपनी अपनी पड़ी है, कैसी तो इफ़रातफ़री
सिर्फ़ उदासी ही जाने है ये सूनी दिल की नगरी

इस सूनी दिल की नगरी में खेल खिलौने क्यों कर हों
याँ तो बस तारी रहनी है इनकी उनकी बेख़बरी

क्यूँकर शिकवा और शिकायत, क्यूँ आख़िर तंज़ीया शे'र
होंठों पर हो निरभय निरगुन, हाथों में हो इक् खँजरी

आओ, सियाह रात की कुछ बात ही करें
मौक़ा-ए-वारदात की कुछ बात ही करें

इस दौरे-सियासत में इबादत का ज़िक्र क्या
लाज़िम है ख़राबात[1] की कुछ बात ही करें

जब ख़ुल्द बे फ़सील हो बाज़ार बन गया
तहज़ीबे-दुकानात की कुछ बात ही करें

हर सू हैं सितमगर, औ' सितम गाह गाह याँ
मुमकिन है मुकाफ़ात[2] की कुछ बात ही करें

अब दौरे-इन्क़लाब के चर्चे फ़ुज़ूल हैं
बेहतर हो इनामात की कुछ बात ही करें

---

1. शराबख़ानों और जुए के अड्डों की 2. गुनाह की सज़ा

जब भी किया है, हमने बस् इस्सार[1] किया है
तू ही बता किस बात पे' इन्कार किया है

यूँ ही किसी को छेड़ना शेवा[2] नहीं, लेकिन
सैयाद के हर तीर को बेकार किया है

गुलहा-ए-चमन रंगो-आब पर भले फूलें
हमने तो ख़ारे-नौ[3] को नोकदार किया है

दुनिया के रंग ढंग से सीखा नहीं मुत्लक़[4]
गो हमने तुझे कितना ख़बरदार किया है

इस मोड़ पे भी अपने को तू मत समझ तन्हा
कब हमने साथ चलने से इन्कार किया है

---

1. अनुरोध 2. तर्ज़, तरीका 3. नये और कोमल काँटे 4. तनिक भी

क़हत की रात में ख़्वाबों का ज़िक्र कौन करे
जले शहर तो गुलाबों का ज़िक्र कौन करे

इन शबीहों पे' तो सब राख राख चेहरे हैं
कोई क्या देखे, हिजाबों का ज़िक्र कौन करे

ज़लज़ले और अभी, और अभी आयेंगे
ख़त लिखे कौन, जवाबों का ज़िक्र कौन करे

ख़िज़ाँ के बाद नुमूदे-बहार[1] तै भी हो
लुटे-पिटों में गुलाबों का ज़िक्र कौन करे

मुल्को-मलकूत[2] पे' ला इल्म अगर क़ाबिज़ हों
इल्म का, फ़न का, किताबों का ज़िक्र कौन करे

---

1. वसंत का आगमन 2. देश और सत्ता

आशियाना-ए-आसाइश[1]   कहाँ   है
शामियाना क़दो-काविश[2] का याँ है

दरो-दीवार   पे   इसकी   न   जाओ
य' दौरे-मुफ़्लिसी का इक़ बयाँ है

मैं तो हँस कर ही सबसे मिलता हूँ
ये जानें वो हँसी में क्या निहाँ है

ये लाज़िम है मनाएँ जश्न रहज़न
कि उनकी ज़द में मेरा कारवाँ है

ग़ज़ल का मक़्ता हो गुलज़ार कैसे
ख़लिश में जब गुलों की जाने-जाँ है

---

1. ख़ुशहाल घर 2. भागदौड़

शबे-मक़्तल का हाल मत पूछो
ऐसे मुश्किल सवाल मत पूछो

दिल परिंदों के जिनकी लज़्ज़त हैं
कैसे हैं उनके जाल मत पूछो

लग गया गोश्त जिनकी दाढ़ों को
उनसे झटका हलाल मत पूछो

कारपर्दाज़[1] जहाँ क़ातिल हों
ऐसी बस्ती का हाल मत पूछो

और भी ग़म हैं मज़ालिम[2] के सिवा
छोड़ो, ये सब वबाल मत पूछो

---

1. प्रबंधक 2. जुल्म, अत्याचार

अनुचित अनुकम्पाएँ तेरी
रहतीं सदा दृष्टि में मेरी

उपालम्भ भावनालोक के
क्यों जिह्वा पर आयें मेरी!

धुनें घुमड़ती रहतीं निशिदिन
मेरे अंतस् में बहुतेरी

सुर में सब संताप समो लूँ
कहाँ अभिज्ञा ऐसी मेरी!

---

1. यह ग़ज़ल 'ग़ालिब' के इस शे'र से प्रेरित है :
   नवाज़िशहा-ए-बेजा, देखता हूँ
   शिकायतहा-ए-रंगीं का गिला क्या

इस्टेशन पर आई ट्रेन
खिड़की से मुस्काई ट्रेन

गई तो आहें छोड़ गई
चाहत लेकर आई ट्रेन

नदियाँ लाँघीं छुए पहाड़
कहाँ कहाँ इठलाई ट्रेन

रात बिताये भले कहीं
सबके चित्त समाई ट्रेन

हिलते रूमालों के सँग सँग
आँखों में भर आई ट्रेन

सरहद पर से सीटी देती
दिल से आ टकराई ट्रेन

मेरे शहर के इस्टेशन पर
कभी न कोई आई ट्रेन

आप इस तरह मुस्कुराते हैं
कि ज़हरताब[1] भी शरमाते हैं

कि किसी शाख़ पे' बिजली की नज़र
आप कुछ ऐसे पेश आते हैं

शह ही शह आपका इजारा है
मात दर मात हम तो खाते हैं

हम तो क़तरों पे' गुज़ारा करते
आप रिंदों में गिने जाते हैं

हमसे क्यूँकर हो आपको शिकवा
हम कहाँ दरमियान[2] आते हैं

---

1. ज़हर बुझे तीर, विषकन्या, 2. बीच में

यह दौर ही ऐसा है प्यारे, कुछ कहता जा, कुछ सुनता जा
हम सभी तो हैं ग़म के मारे, कुछ कहता जा, कुछ सुनता जा

हर बात दबी रह जाती है, ये मौसम ही कुछ ऐसा है
इस मौसम से मत डरना रे, कुछ कहता जा, कुछ सुनता जा

मुँह से जो तेरे निकलेगा वो नारे में ढल जायेगा
सदियों गूँजेंगे वे नारे, कुछ कहता जा, कुछ सुनता जा

वो लोग सुबह के तारे हैं, कुछ पल में ही ढल जायेंगे
हम नयी सुबह के हरकारे, कुछ कहता जा, कुछ सुनता जा

तुम सामने आते हो पहलू बदल बदल कर
बिजली सी गिराते हो पहलू बदल बदल कर

इस आइने में देखूँ, उस आइने में देखूँ
कुछ राज़ छिपाते हो पहलू बदल बदल कर

पहलू बदल बदल कर इक़रारे-इश्क़ कैसा
उँगली पे' नचाते हो पहलू बदल बदल कर

तुमसे ही ज़माना है, तुमसे ही ग़ज़लगोई
हर शे'र में आते हो पहलू बदल बदल कर

इशारों-मुक़र्रर की उम्मीद कौन बाँधे
वो रंग दिखाते हो पहलू बदल बदल कर

रहज़नों को छोड़िये, रहबरों से पूछिये
वादे क्या हुए कि जो तुमने थे कभी किये

सुब्हे-नौ का क्या हुआ, अब भी काँधे पे जुआ
ज़ुल्मतों की रात ये, क्यों धुआँ धुआँ दीये

जो वतन के पासबाँ भटक रहे हैं ला मकाँ
आपने अता किये[1] उन्हें सियाह ज़ाबिये[2]

रेज़ा रेज़ा ख़्वाब सब, कुल जहान तारे-शब[3]
इन्क़लाब बख़्शिये – हमको हम पे' छोड़िये

आप हवाबाज़ हैं, हम शिकस्ता साज़[4] हैं
अब न कोई नग़्मा लब पे', अब तो सिर्फ़ मर्सिये

---

1. प्रदान किये 2. उपेक्षित कोना 3. रात का अँधेरा 4. टूटा हुआ साज़

बहुत दिनों पर आया चाँद
खिड़की से मुस्काया चाँद

बेमानी होगा, मत पूछो—
अपना, या कि पराया चाँद

कभी किसी का हुआ, कि होगा
बस सबसे मुस्काया चाँद

लाख सितारों की महफ़िल में
किसके पहलू आया चाँद

सरमाया है चाँद सभी का
यह सुन कर शर्माया चाँद

आप हैं, आबशार[1] हो गोया
मौसमे दै[2] बहार हो गोया

कोई ख़्वाबों में इस तरह आये
आशिक़ों में शुमार हो गोया

मुद्आ कोई इस तरह पूछे
दर्द से दरकिनार हो गोया

हमारा ज़िक्र क्यूँ करे कोई
साज़िशाना क़रार हो गोया

अब कहाँ कोई नग़्मा होंटों पर
साज़े-दिल तार-तार हो गया

आप इस तरह पेश आते हैं
आप ही पर मदार[3] हो गोया

राहतें वस्ल[4] के सिवा भी हैं
हिज्र[5] का इंतिज़ार हो गोया

---

1. प्रपात, झरना 2. पतझड़ में 3. निर्भरता, दारोमदार 4. मिलन 5. बिछोह

कहाँ सबेरा, कहाँ सहर है
ये' रात का तीसरा पहर है

रदीफ़ गुम, क़ाफ़िया नदारद
ग़ज़ब ग़ज़ल ये, अजब बहर है

अभी सबेरे का ज़िक्र कैसा
कि काटना दूध की नहर है

वो सोये होंगे लटें बिखेरे
हमारे हिस्से फ़क़त सफ़र है

याँ एक क़तरा ग़ज़ल का रक़बा
वाँ एक क़तरा बना गुहर[1] है

---

1. मोती

राहबर   तान   कर   सो   गये
राहज़न   चारागर   हो   गये

हमको   सफ़   में   खड़ा   करके   यूँ
जाके   जाने   कहाँ   खो   गये

ख़ीमे   सब   ज़द   में   तूफ़ाँ   की   हैं
यारो,   बढ़   के   सँभालो,   गये

कोई   आहट   नहीं   अब   कहीं
क्या   थे,   और   क्या   से   क्या   हो   गये

राहे-नौ   अब   बनायें   हमीं
क्यों   पुकारें   उन्हें,   जो   गये

एक   पूरी   उमर   चाहिए
नाख़ुदा   नातवाँ   हो   गये[1]

---

1. नाविक रास्ते से भटक गये

ख़ामुशी चेहरे पे' चस्पाँ हो गई
दिल की बस्ती और वीराँ हो गई

मंज़िले-मक़्सूद[1] का अब ज़िक्र क्या
बेहिसी[2] ही उनकी, उन्वाँ[3] हो गई

रात सारी इंतिज़ारी में कटी
रूह तक थक कर परीशाँ हो गई

वो न आये ही, न आना है उन्हें
नाउमीदी ही निगहबाँ[4] हो गई

---

1. लक्ष्य 2. ग़ाफ़िल, चेतना-शून्यता 3. तर्ज़, शैली 4. सहारा

क़ुफ़्ल[1] क़िस्मत का जाने खुले कब तलक
राह देखेंगे हम आख़िरे-शब तलक

इन दिनों दर खुला रहता है रात भर
ख़्वाब में भी न आया कोई अब तलक

बात फ़िलवक़्त की आप करते हैं क्यूँ
बात क्या हिल न उट्ठे फ़लक जब तलक

नालए-आख़िरे-शब की[2] मत पूछिये
उसकी ज़द में हैं तख़्त और मंसब[3] तलक

शे'र कहिये, ग़ज़ल कहिये, पर शर्त है
दर्दे-पिन्हाँ[4] न छलके ज़रा लब तलक

---

1. ताला 2. रात के अंतिम पहर की आह 3. सत्तापीठ और पदवी 4. भीतर का दर्द

बेगानगी की कुछ तो वजह होनी चाहिए
इस ख़ामुशी की कुछ तो वजह होनी चाहिए

दिलदार के कूचे में तिरे पाँव गर ठिठकें
इस बेरुखी की कुछ तो वजह होनी चाहिए

क्यूँ क़ैस के नालों को सुन के चुप रहा सहरा
इस बेहिसी[1] की कुछ तो वजह होनी चाहिए

गर साकिनात[2] ही हों सुकूनत[3] के तलबगार
बे वक़्अती[4] की कुछ तो वजह होनी चाहिए

ये रतजगों का सिलसिला, ये शे'रियत के दौर
गुमकर्दगी[5] की कुछ तो वजह होनी चाहिए

---

1. ग़फ़लत, निर्ममता 2. निवासी 3. रिहाइश 4. नाक़द्री 5. अन्यमनस्कता, खोया-खोयापन

इश्क़ का नाम न लो, और कोई बात करो
चाक हो तंग गरीबाँ, वो वारदात करो

कनखियों से तो कोई बात बनाये न बने
दर पे क़ासिद है खड़ा, जाके मुलाक़ात करो

फ़िक्र इस बाम पे[1] शर्मो-हया की क्या करनी
तुमको सब माफ़ है, कोई भी खुराफ़ात करो

मैं न शिकवों में शिकायत में यक़ीं रखता हूँ
चश्म कलमोस[2] है तो दिल मिरा दावात करो

ख़ून से मेरे इबारत जो रक़म होनी है
तरह[3] बन जाये इबादत की, ये हालात करो

---

1. ऊँचाई पर 2. 'कलम' का मूल यूनानी रूप 3. नींव, बुनियाद

देखिए, क्या अजब-सा काम कर गया सूरज
सुबह की माँग में सिंदूर भर गया सूरज

इधर सूरजमुखी चिलमन में[1] अपने मुस्काई
उधर दीवानावार खुल बिखर गया सूरज

इधर शबनम का जिस्म क़ौसे-कुज़ह सा[2] निखरा
उधर अंबर पे' सुर्ख़ हो सँवर गया सूरज

कभी तो तीरगी को रौंदता हुआ आया
कभी कोहरे के तेवरों से डर गया सूरज

कोई हंगामा, कोई इंक़लाब बरपा है
भले पूरब, भले पच्छिम, जिधर गया सूरज

---

1. घूँघट में 2. इंद्रधनुष जैसा

क्या कहूँ, कहने को रहा क्या है
तू ही बतला कि अनकहा क्या है

बादलों से मैं जाके क्या माँगूँ
ये न आँसू थे, तो बहा क्या है

सब्ज़ ख़्वाबों के नामो-नक़्श मिटा
पूछते हो कि इंतेहा क्या है

इंतिज़ारी में शब गुज़ारी सब
तब भी तानाज़नी, सहा क्या है

ऐसे दिलबर से तो मैं बाज़ आया
जो ये पूछे, कि मुद्‌आ क्या है

गाँव सब धूल धूल हैं यारो
बेतहाशा बबूल हैं यारो

आम जामुन का ज़िक्र क्या कीजै
अब बग़ीचे फ़ुज़ूल हैं यारो

वो बहारें कहाँ बरसात की अब
लपलपाते त्रिशूल हैं यारो

लोग पानी को जब तरसते हों
भूख के दिन क़बूल हैं यारो

अब कहाँ कैसा इन्क़लाब भला
बातें वो सब फ़ुज़ूल हैं यारो

चलो, इक़बाल कर लिया तुमने
सिला[1] किस बात का दिया तुमने

गुल, मिरे अश्क बन गये तो क्या
अपना दामन तो भर लिया तुमने

मैं तो वैसे भी बेवतन ही था
आज फिर से जला[2] किया तुमने

भूल जाने को मगर मत कहना
कम है क्या जो लिया-दिया तुमने

चलें, आओ 'सलिल' यहाँ से भी
कैसा बाँधा है क़ाफ़िया तुमने

---

1. इनाम, पुरस्कार 2. निर्वासित

आओ, अब तो करें बन्द ये सिलसिले
हमने ख़ुद ही ढहाये हैं अपने क़िले

क्या थे हम, क्या हैं हम, होंगे आगे को क्या
इन सवालों पे' हम होंठ हैं क्यों सिले

तुम जहाँ के हो, हम भी वहीं के तो हैं
साफ़ कर लें कभी सारे शिकवे-गिले

फिर क़दमताल करनी है सँग-सँग हमें
दूर करने ही होंगे सभी फ़ासिले

होश में हम अगर अब भी आये नहीं
होंगे पुरज़ोर दुश्मन के ही हौसले

कहना सुनना हो चुका सब, आओ कह लें अलविदा
ऐसा सोचा था भला कब, आओ कह लें अलविदा

अंदलीबों से गिले शिकवों के क्या मा'नी भला
पल में पच्छिम, पल में पूरब, आओ कह लें अलविदा

अलविदा कहते हुए इक शर्त गर मंज़ूर हो
ये कि लरजेंगे नहीं लब, आओ कह लें अलविदा

मेरी आँखों पर न जाओ, अश्क अफ़्शाँ[1] हैं अगर
आशिक़ों का है ये मजहब, आओ कह लें अलविदा

पूछते हो हाल क्या तुम, मैं तो हूँ ही दर ब दर
हों मुबारक तुमको मंसब,[2] आओ कह लें अलविदा

---

1. आँसू छलकाती 2. पद, ओहदा

बात बननी नहीं है बात के बनाने से
दर्द भी कम नहीं होना है मुस्कुराने से

तुम तो कहते थे महारत है जज़्ब करने की
सलवटें चेहरे पे' वाज़ेह हैं[1] इक ज़माने से

हो कि जो होना है, बस अपना कहाँ होने पर
आज भी फिर वही इन्कार शिफ़ाख़ाने से[2]

कोई आये कि न आये, है फ़र्क़ क्या पड़ना
हम तो पहले ही उठ चुकेंगे शामियाने से

ज़िक्र छेड़ा तुम्हीं ने, ज़िक्र कर दिया, वर्ना
'सलिल' का ज़िक्र ही ग़ायब है हर फ़साने से

---

1. उभरी हुई 2. इलाजघर, चिकित्सालय

तुझको बस ख़र्च किया है हमने
अल् ग़रज़[1] क़र्ज़ लिया है हमने

लेके तेरे लबों की शीरीनी
ला दवा दर्द दिया है हमने

मरना जीना मुहाल[2] हो जिससे
इक् ज़हर ऐसा पिया है हमने

आशियाँ आग के हवाले कर
सरमदी साज़ लिया है हमने

ता 'सलिल' को कभी सुकूँ न मिले
ज़ख़्म ख़ारों से सिया है हमने

---

1. कुल मिला कर यह कि 2. असंभव

तुम्हारे दर्द को अपना बनाना चाहता हूँ
उसी में आख़िरे-दम[1] आना-जाना चाहता हूँ

मिरी आँखों को अपने आँसुओं का आब दे दो
उन्हीं के अक्स में अब झिलमिलाना चाहता हूँ

दरीचा भी बहुत ख़ामोश है कमरे का मेरे
उसे वो थपकियाँ फिर से सुनाना चाहता हूँ

कि ख़्वाहिश थी तुम्हें मानिंदे-नक़हत[2] दिल में रक्खूँ
है मजबूरी कि अब सूरत में[3] लाना चाहता हूँ

---

1. आख़िरी साँस तक 2. ख़ुशबू की तरह 3. प्रकट रूप में

रात भर था जगा, सुबह नींद आ गई
था मुसल्सल[1] चला, सुबह नींद आ गई

रह गया दर खुला, इतना नाचार था
कोई सब ले उड़ा, सुबह नींद आ गई

रात भर ज़िन्दगी रक़्स करती[2] रही
कुछ थमा सिलसिला, सुबह नींद आ गई

शब तो रौशन रही शम्ए-उम्मीद से
मोम जब बह चला सुबह नींद आ गई

सुबह नींद आ गई, क़िस्सा ये मुख़्तसर[3]
डाल दो अब रिदा,[4] सुबह नींद आ गई

---

1. लगातार 2. थिरकती 3. संक्षेप में, कुल जमा 4. चादर

वो जो ज़ेरे-पैराहने-गुल[1] बदन था
वो इक साज़ था, नग़्मा था, हर्फ़ज़न[2] था

फ़रिश्ते भी बदक़िस्मती पे तरसते
वो बाग़े-अदन का गुले-यासमन था

थे क़ौसे-क़ुज़ह[3] उसपे क़ुर्बान कितने
वो रंगीनियों का सफ़र मौजज़न[4] था

जला ख़ुल्द[5] होने से था मुत्मइन[6] वो
सरापा वो शीरीं समर नारवन था[7]

---

1. फूलदार पोशाक में 2. वाचाल 3. इंद्रधनुष 4. उमड़ता 5. स्वर्ग से निष्कासन 6. निश्चिंत,
बेफ़िक्र 7. सर से पैर तक अनार का मीठा फल था

आफ़ते-जाँ को आज खो आया
मै से चेहरे को अपने धो आया

पूछियेगा न वजह साक़ी से
आज साग़र में सब डुबो आया

सर हथेली पे, आँख प्याले पर
जाना यूँ ही है याँ से, जो आया

मैकदा ख़ुद में इक हिकायत[1] है
अल अबद[2] याँ यही है हो आया

---

1. वृत्तांत, दास्तान 2. अनादि काल से

आ'इना टूट गया जब दिल का
चेहरा कैसे सँवारें महफ़िल का

किर्चियाँ हैं कि रंगे-पा[1] शायद
लिक्खे उन्वान[2] राहे-मंज़िल का

रक़्स करते हुए जो ग़र्क़ हुआ[3]
वो सफ़ीना था एक ग़ाफ़िल का

अब न आहंगे-जरस[4] क़िस्मत में
अश्क अफ़शाँ हिजाब महमिल का[5]

शे'र में गिर्या[6] है कि मौसीक़ी[7]
कौन रक्खे हिसाब हासिल का

---

1. पैरों से रिसते ख़ून का रंग 2. नाम या शीर्षक 3. जो भँवर में फँस कर डूबा 4. ऊँटों की घंटियों की आवाज़ 5. ऊँटों के क़ाफ़िलों में महिलाओं के बैठने की जगहों के चारों ओर लटकते पर्दे आँसुओं से भीगे हुए हैं 6. रुदन 7. संगीत

ग़ैब[1] है, ग़ैब से कब कौन पलट पाया है
जब भी आया है कोई, ख़्वाब में ही आया है

दास्ताँ तूने जो छेड़ी थी दश्त में[2] घर की
मेरी आँखों में अभी तक उसी का साया है

दिल को समझाया है हर तरह से हमने, लेकिन
उसका तो तेशे पे फ़रहाद के[3] दिल आया है

तिश्नालब सैद की[4] आँखों पे नख़्ल[5] चस्पाँ जो
वो हरा ख़्वाब अब सैयाद[6] का सरमाया है

इश्क़ पर ज़ोर नहीं, जौरो-जब्र क्या कहिए
दौर ऐसा है कि हर ख़ार[7] पे रंग आया है

____

1. परलोक 2. वीराना या बियाबान में 3. फ़रहाद की कुदाल पर 4. प्यास से छटपटाते हिरन की 5. पेड़ की छाँह 6. शिकारी, बहेलिया 7. काँटा

पी थी जो शब को, उसकी ख़ुमारी है अब तलक
साक़ी तो सो गया, तलब जारी है अब तलक

क्या था कि उन आँखों को है दुश्वार भूलना
आबे-अनार का नशा तारी है अब तलक

गो मैंने रक़ीबों को सुलहनामा लिख दिया
क्या सोख़्ता क़िस्मत[1], शररबारी[2] है अब तलक

कौन इस तरफ़, कौन उस तरफ़, क्या जाने इक फ़क़ीर
वो लोग हैं कि रायशुमारी है अब तलक

मक़्ते में क्या रक़म करे शा'इर को क्या पता
सरगश्ता[3] जाँ पे' यूँ जुनूँ तारी है अब तलक

---

1. बदक़िस्मती 2. अग्निवर्षा 3. हैरान-परेशान

दिले-ख़स्ता[1] था मैं, निढाल था
कुछ अजीब ही मिरा हाल था

इसी राह पे, अभी कल तलक
तिरी ख़ू[2] थी, तेरा जलाल[3] था

न क़हत[4] था कोई न साइका[5]
तिरा ख़्वाबो-ख़्याले-विसाल[6] था

तू तो ज़िन्दगी से गुज़र गया
मिरी ज़िन्दगी पे' वबाल था

तिरे साथ सफ़रे-अख़ीर में
दो क़दम भी चलना मुहाल था

---

1. विषादग्रस्त 2. सनकें 3. रौब 4. आपदा 5. विद्युत्पात 6. मिलन-स्वप्न

शिकवा करूँ तो किससे, गिर्या[1] भी बे सबब है
तू तो है अनासिर[2] अब, ऊँचा तिरा लक़ब है

नादीद[3] जो तड़प थी तिरे दिल में आख़िरे-शब
मिरे दिल में आ समाई, मैं हूँ कि जाँ ब लब है

शबे-वस्ल की न कहिए, वो गुज़िश्ता दास्ताँ है
और पूछिये न अब की, दिल है कि तारे-शब[4] है

---

1. रुदन, विलाप 2. पंचतत्व में विलीन 3. अदृश्य, घुटी हुई-सी 4. रात का घिरा हुआ अँधेरा

तुम्हारे रहते कभी मैं न पशेमान[1] हुआ
इश्क़ ही दीन हुआ, मज़्हबो-ईमान हुआ

दर्दमंदी की हदें तोड़ के दुनिया भर की
सज्दा जो तुमने किया, दिल का सायबान हुआ

कोई शिकवा न रहा ख़ासो-आम से तुझको
रंजो-ग़म जो भी सहे, शुक्र[2] का सामान हुआ

अश्क इक आँख से छलका गुज़िश्ता[3] याद का जब
लब पे' ठिठका, सुख़न-ओ-शे'र का उन्वान[4] हुआ

आख़िरे-शब की[5] तड़प ज़ब्त के बूते की कहाँ
जिगर का सोज़ जो भड़का तो आसमान हुआ

---

1. उदास, निराश 2. कृपा भाव 3. पुरानी 4. शीर्षक 5. रात के अंतिम पहर की

वो ख़्वाब था, कि तू था, तार तार कर गया
सहरा में आके आँखों में सैलाब भर गया

कोई तो नख़्ल[1] अब नहीं, कोई न कू-ए-यार
क्यूँ ख़्वाबे-फ़ीरोज़ी[2] दिया, दे के गुज़र गया

इक तिश्नाकाम सहरा को[3] फ़ीरोज़बख़्ती[4] ख़्वाब
ऐयार, बता क्यूँ भला नाचार कर गया

कोई सुराही याँ नहीं, कोई न यहाँ जाम
इक नाम की तस्बीह[5] मिरे नाम धर गया

कोई पता-ठिकाना, या कोई ख़बर नहीं
इतना तो बता देता तू आख़िर किधर गया

---

1. पेड़ 2. शुभ स्वप्न 3. प्यास से छटपटाते रेगिस्तान को 4. सौभाग्यशाली 5. सुमिरनी

याद ही याद भर बची है अब
कितनी तन्हा य' ज़िन्दगी है अब

ख़्वाब सहरा में गुम गये सारे
नींद आँखों से मुल्तवी[1] है अब

गाह[2] मंज़िल नज़र में रहती थी
पाँव हैं, और रहरवी[3] है अब

बस्तियाँ सब हुईं सिपुर्दे-ख़ाक
ख़ौफ़ आलूदा तीरगी[4] है अब

तेरे कूचे में मैकदा था कभी
तेरे कूचे में तिशनगी है अब

---

1. ग़ायब 2. कभी 3. भटकन 4. डरावना अँधेरा

शिकस्ता जाम है[1], ज़िक्रे-शराब क्या कीजै
यही क़िस्मत में है अपनी जनाब, क्या कीजै

ग़ुंचे[2] तो अब भी हया में यक़ीन रखते हैं
बेहया ख़ुद चमन हो गर, हिजाब[3] क्या कीजै

आरज़ू-मिन्नतों से बात अब कहाँ बननी
उनकी नज़रों में हैं जब ज़हरताब[4], क्या कीजै

शहर आशोब[5] भी तो आज हुए बे मा'नी
दौर ऐसा ही है ये तंगो-ताब, क्या कीजै

अब्रु-ए-तीरगी[6] का ख़ौफ़ शब की आँखों में
पढ़ नहीं पाते अगर हम, किताब क्या कीजै

---

1. टूटा हुआ प्याला है 2. कलियाँ 3. पर्दा 4. ज़हर में बुझाये हुए तीर 5. उर्दू कविता की एक शैली, जिसमें किसी शहर की बदहाली की आलोचना की जाती है 6. अँधेरे की टेढ़ी भौंहों का

अब कहाँ मैं, कहाँ वो हिश्मत[1] है
आब्ला पा हूँ[2], ये ही फ़ितरत है

वो दिल लगी के दौर बीत गये
अब जहाँ भी है सिर्फ़ नफ़रत है

अब सँवरने की बात बे मा'नी
अब बिखरना ही तिरी क़िस्मत है

कह ले तू इसको भले अपना दर
बस कि ये संगे-मीले-हिजरत[3] है

तेरी आँखों में ख़्वाब दरिया का
याँ तो बस तिश्नगी की वुसअत[4] है

---

1. रौब-दाब, कीर्ति 2. पैरों में छाले हैं 3. देश छोड़ते वक़्त का मील पत्थर 4. प्यास का मैदान

कहाँ साक़ी की बुतपरस्ती अब
शिकस्ता जामे-मये-हस्ती अब[1]

कहाँ शीशे की वो ख़नक दिलकश
कहाँ सहबा[2] की जवाँ मस्ती अब

एक इक उठ रहे सभी मैकश
मैकदे की है स्याहबख़्ती[3] अब

मकीन[4] सारे कर गये हिजरत[5]
हुई उदास हर इक बस्ती अब

अलविदा आओ कह लें हम तुम भी
नाख़ुदा[6] कब डुबो दे कश्ती अब

---

1. अब ज़िन्दगी की शराब का प्याला टूटा हुआ है 2. शराब 3. दुर्भाग्य 4. मकानों में रहनेवाले
5. छोड़ गये 6. नाविक

कैसा   भेस   बनाया   जोगी
अंग   भभूत   रमाया   जोगी

सब चेहरों को देखा परखा
कोई   रास   न   आया   जोगी

सबके   अपने   अपने   टंटे
सारा   जग   बौराया   जोगी

गोर[1] किनारे आकर आख़िर
धूनी   को   परचाया   जोगी

हिज्र विसाल[2] एक रंग अब तो
ख़ुसरो के घर आया जोगी

---

1. समाधि, क़ब्र 2. विछोह और मिलन

आँगन में इक फूल खिला था
उस पर तेरा नाम लिखा था

बादल को डाकिया बना कर
मैंने तुझको याद किया था

सरवर में इक हंस अकेला
देख मुझे दुख बहुत हुआ था

आया जब बहार का मौसम
मन में नग़मा एक उठा था

उधर जुड़ा रंगों का मेला
इधर एक फागुन तन्हा था

कुछ आवाज़ें ऐसी आईं
जैसे कोई पास खड़ा था

देश-काल का ज़िक्र भला क्या!
चारों ओर घना कोहरा था

मैं   वीराने   का   इकतारा
सुर ही मेरा सिर्फ़ सहारा

नीचे बहे आग का दरिया
ऊपर गगन भरे धुँधकारा

होंठ हलक़, सब रेत रेत से
भरम दीठि का जल की धारा

'राधा राधा' की रट के सँग
जमुना के ढह रहे कगारा

कैसा आया वक़्त, कि देखो
टूटा   गीतों   का   गहवारा

अभी मैंने तुझे देखा कहाँ है
जो पाये देख, वो शाहे-जहाँ है

ख़ुदी के ज़ोम में[1] कुल उम्र बीती
न पाया जान तू इक इम्तिहाँ है

कि जब ऐवान[2] सारे छान मारे,
हुआ एहसास तू तो ला मकाँ[3] है

नशा टूटा, तो पाया ख़ुद में मैंने
मिरा माथा ही तेरा आस्ताँ[4] है

बयाँ करने की क़ुव्वत किसमें होगी
तू ही तो दर्द, तू ही दास्ताँ है

---

1. अहंकार में डूबे हुए 2. भवन 3. जिसका कोई घर नहीं 4. दहलीज़

भला अब याद आने को बचा क्या
किसी तस्वीरख़ाने को बचा क्या

समंदर की नज़र से गिर गया गर
सफ़ीने के[1] बचाने को बचा क्या

अगर हों हुक्मराँ[2] मुल्ज़िम ही मुल्ज़िम
तो मुंसिफ़[3] के सुनाने को बचा क्या

पत्ता पत्ता लुटा डाला ख़िज़ाँ ने
खलीते में[4] लुटाने को बचा क्या

छुपाया ज़िन्दगी भर ख़ुद से ख़ुद को
शबे-आख़िर[5] छुपाने को बचा क्या

---

1. छोटी नाव, डोंगी 2. अधिकारीगण 3. न्यायाधीश 4. जेब में 5. रात के अन्त में

ज़िक्रे-हस्ती[1] न ज़ुबाँ पर लाओ
तीर ये तुम न कमाँ पर लाओ

इब्तिदा इंतेहा[2] किसे मालूम
दरमियाँ हो, न गुमाँ पर लाओ

ये सवालात हैं, जवाब कहाँ
बे बयाँ को न बयाँ पर लाओ

अल अबद ता अज़ल[3] रवाँ है जो
राज़े-हस्ती न अयाँ पर लाओ[4]

एक क़तरा भी तो नहीं है 'सलिल'
ज़िक्र उसका न यहाँ पर लाओ

---

1. जीवन-मरण का प्रश्न 2. आरम्भ और अन्त 3. अनादि से अनन्त तक 4. जीवन का रहस्य
उद्घाटित करने की हठ मत करो

मेरा ठिकाना क्या पूछो हो
आबोदाना[1] क्या पूछो हो

ख़ाली पड़े हैं सारे कमरे
साहिबे-ख़ाना[2] क्या पूछो हो

ख़ैर ख़बर का खेल जुबानी
मिलना मिलाना क्या पूछो हो

क्या पूछो हो उनका आना
उनका जाना क्या पूछो हो

मैं जागूँ जब दुनिया सोये
नींद का आना क्या पूछो हो

---

1. अन्न-जल 2. घर का मालिक

ज़बाँ पे अब नहीं आनी है दास्ताँ कोई
जबीं पे नक्श नहीं होना आस्ताँ कोई

इसी सहरा में ग़र्क़ होगी तमन्ना अपनी
यतीम ख़्वाबों का होगा न पासबाँ कोई

बुलंद वलवले थे : कुल जहान अपना है
भला होता है इस तरह से रायगाँ[1] कोई

हरेक शख़्स के चेहरे पे' ख़ौफ़ तारी है
नहीं सर पे किसी के बामे-आस्माँ कोई

ख़ुदा की ख़ल्क़ है बेशक, पे' नाख़ुदा[2] है कहाँ
न आसमान पे' रौशन है कहकशाँ[3] कोई

हमें आदत पड़ी है कोई शै अयाँ होगी
भला होती है यूँ गुमाँ से शै अयाँ कोई

---

1. बरबाद 2. माँझी, कर्णधार 3. आकाशगंगा

सूखते हैं जाल, मीनल
यही काल सुकाल, मीनल

जाल उनके, हाट उनकी
कर विफल हर चाल, मीनल

यह समय धीवर-समय है
याद रख हर हाल, मीनल

उदधि ही तेरे लिए है
सुरक्षा-संजाल,   मीनल

यहाँ   तो   भागीरथी   तक
प्यास   से   बेहाल, मीनल

नज़्में

तर्ज़े-ज़िन्दगी

रात के अँधेरे में
जाग जाते हैं खँडर
         बोलता है सन्नाटा

घिर के हम अँधेरे से
चुपके से सिमट जाते
         अपने ही दिल-दरिया में

रक़्स करती भँवरें वाँ
जब दिखातीं आइना
         हम ग़ज़ल में ढल जाते

शम्अ जैसे यूँ जलना
मोम सा गलते रहना
तर्ज़े-ज़िन्दगी अपनी
गिरहे-तीरगी अपनी

बीनाई[1]

भला कोई क्यों
तुम्हें देख पाये
वैसे
    कि जैसे
    तुम्हें मैंने देखा—

तुम्हें मैंने देखा
    कुछ ऐसे
    कि जैसे
    वो बीनाई सबको मयस्सर नहीं है

वो बीनाई सबको मयस्सर नहीं है
    यही है वो एहसास
    जो एक शा'इर
    या इक मुसव्विर[2] को
    बेचैन दिन रात है करता रहता

---

1. अन्तर्दृष्टि 2. चित्रकार

रात पत्थर के सिल सी

रास आती नहीं अब ये ख़ामोशियाँ, कुछ कहो तो सही
रात पत्थर के सिल सी जमी दरमियाँ, कुछ भी हो तो सही
जान जाओगे ख़ुद ही जुबाँ ज़ख़्म की, कुछ सहो तो सही
ख़्वाब शादाब होने को बेताब हैं, ताब हो तो सही

कुछ कहो तो सही, वज़्अदारीनुमा नज़रे-सानी सबब[1]
आर्ज़ू है फ़क़त, आलमे-ख़्वाब में,[2] कुछ कहो तो सही

---

1. ढंग की कोई बात, जिस पर फिर से सोच-विचार किया जाये 2. स्वप्नलोक में

आसमानी नूर

ये किसकी मुस्कुराहटें
बिखेरे चेहरे पर लटें
भरी हुई ग़ुरूर से
हैं घूर रही दूर से

वो ऊँचे आसमान पर
पयम्बरी मचान पर
है कौन रक़्स कर रहा
पियाला मेरा भर रहा

ये कौन सी शराब है!
नशे में ला जवाब है!!

यही तो है शराबे-नाब[1]
जिसमें है ढला शबाब
मिज़्ग़ाँ-ए-ख़याल[2] का
तरन्नुमे-विसाल[3] का
तसव्वुरे-हयात[4] का
कि रूहे-काइनात[5] का

---

1. ख़ालिस शराब 2. ध्यानमग्न पलकें 3. मिलन संगीत 4. स्वर्गीय कल्पना 5. सृष्टि की आत्मा

ये आसमानी नूर है
ये ख़ल्क का सुरूर[1] है
भले ही दूर दूर है
यही मिरा शऊर है

इसी से मेरी शा'इरी
यही है ज़िन्दगी मिरी

---

1. दुनिया का आनन्द

बस् यही एहसास

बात ये है, ख़ुदकुशी हम कर नहीं सकते
केंचुओं की तरह हम जी-मर नहीं सकते
आदमी की तरह, पर जीना नहीं मुमकिन
काटनी है ज़िन्दगी गिनते हुए पल छिन

बस्, यही अहसास दिन-दिन कर रहा बूढ़ा

पीठ पर सड़कें कभी थीं शौक़ से बाँधी
ख़ूबसूरत थी कभी लगती बहुत आँधी
वही सड़कें आज तोड़े दे रही हैं रीढ़
आँधियाँ भी अब झँझोड़े दे रही हैं नीड़

बस्, यही अहसास दिन-दिन कर रहा बूढ़ा

रूमी का कलाम अपनी जुबान - 1

ख़लीफ़ा ने पूछा, तू ही है वो औरत
परीशान मजनूँ फिरे जिसकी ख़ातिर?
मुझे तो नहीं तुझमें कुछ ख़ास दिखता
कि जो दूसरी औरतों में नहीं हो!

अजी चुप भी करिए! कहा लैला ने,
आप बेशक ख़लीफ़ा हैं, मजनूँ नहीं हैं,
आँख मजनूँ की होती मयस्सर अगर
आपको, गुफ़्तगू ऐसी हर्गिज़ न करते।
आप बा होश और मजनूँ बे होश है
उसको इश्क़ो-ख़ुदा में फ़र्क़ ही नहीं,
होश रहते हुए, भेद ये इश्क़ का
आप जैसे कभी जान सकते नहीं।

रूमी का कलाम अपनी ज़ुबान – 2

सहरा से गुज़रते हुए इक राहगीर ने
देखा वहाँ बैठे हुए मज्नून को तन्हा

मानिंदे-क़लम[1] उँगलियाँ रक़्साँ[2] थीं ज़मीं पर
औ लौहे-रेग[3] पर हरूफ़ शक्ल पा रहे

ये देख राहगीर ने मज्नून से पूछा—
'ख़त किसको रक़म[4] कर रहे म्याँ थाम कर जिगर?'

'लैला का नाम मश्क कर रहा हूँ मैं यहाँ
मा बादे-मर्ग[5] ता[6] मिरी ज़ुबान पर रहे।'

---

1. क़लम की भाँति 2. नृत्यरत 3. बालू की स्लेट 4. लिखना 5. मरने के बाद तक 6. ताकि

ख़्वाबों की क़ब्रगाह

जाता हूँ शबो-रोज़ अपने गाँव, अपने घर
हर बार लौटता हूँ थोड़ा और मैं मर कर
तालाब, जिन्होंने कभी बख़्शी थी कैफ़ियत
वो आब जिससे मैंने कभी पैरहन[1] पाया
वो दरिया लबे-चश्म जो था इश्क़ का परतौ
वो सब्ज़ाज़ार बाग़ ख़ुशइल्हाँ[2] का सरमाया
वो संदली रस्ते, वो उ.फ़क़, ख़्वाबरौ रातें
आँगन में परिंदों की वो सरमस्त मस्तियाँ
हर आन किसी पारो, किसी देव की बातें
पौ फटते ही सुन पड़ती थीं बैलों की घंटियाँ

ख़्वाबों की क़ब्रगाह में मरना ही बजा[3] है
इसके सिवा इक आह की क्या और जज़ा[4] है

---

1. लिबास 2. परिंदों की चहचहाहट, कलरव 3. उचित, मुनासिब 4. बदला, प्रत्युपकार

क़िस्सा हब्बाख़ातून

(नौटंकी शैली में क़िस्सागोई की एक अधूरी कोशिश)

सतलज झेलम ब्यास नद, रावी और चिनाब
इन पाँचों के दरमियाँ बसे मुल्क पंजाब
बसे मुल्क पंजाब, पास ही नदी वितस्ता तीर
जन्नत को आइना दिखाता बसे मुल्क कश्मीर
कि जो दुनिया से आला है
कि जिसका हुस्न निराला है
केसर की रंगत वाला अमरित का प्याला है
जहाँ झीलें मुस्काती हैं
सिकारों के सँग गाती हैं
फूलों की वादी में हूरें रंग जमाती हैं

उसी वादी की सदियों पहले कुछ ऐसी जगी क़िस्मत
कि सुनकर वाख ललद्यद के, ज़मीं पर आ झुकी जन्नत
कि इल्मो-अदब, मौसीक़ी, तसव्वुफ़ सब हुए यक़ जाँ
कि इक ग़ैबी तरन्नुम गुल ओ बुलबुल में हुआ रक़्साँ

बादे-ललद्यद उगा इक सितारा
हुस्नो-अंदाज़ में माहपारा
लाड़ में कहते सब उसको जूनो
हब्बाख़ातून था नाम प्यारा
उसकी आवाज़ में वो ख़नक थी

हो गया कितनों का वारा-न्यारा
घाटी-घाटी थिरकती वो फिरती
आस्माँ झुक के करता नज़ारा
ख़ुद मुसीक़ी हुई सुनके अकबक –
किसने इसके गले को सँवारा ?
सुन के कोयल को भी शर्म आये –
हाय इस गुल से गुलशन भी हारा...

हब्बाख़ातून था नाम प्यारा...

य' ज़माना

गुल किये रोशनी गुमसुम सा याँ पे' बैठा हूँ
वज्ह तो होगी – बताना मगर नहीं आता
कहाँ से उजड़ के आया
लुटा किस दर पे' सरमाया
बताता तो, य' ज़माना अगर नहीं आता

य' ज़माना अगर नहीं आता
तो दोस्ती का चलन इस तरह नहीं होता
अलविदा इस तरह नहीं होती
य' ज़माना अगर नहीं आता

हँसना-रोना

आप हँसने को हैं आज़ाद
मगर हँस पायेंगे ?

ग़मे-दौराँ पे
        हँस पाते हैं
                बेहिस ही फ़क़त

ग़मे-जानाँ पे' रोना –
होना
        न होना...

टूटती रहती है नींद

अपने ही गले की घर्-घर् से
टूटती रहती है नींद
रात-भर...अक्सर

इस तरह से आख़िर
कब तक जिया जाये है...

और यूँ डर कर!

दिल के सिवा

हमारे ज़ख़्मों को
    ईंटों की तरह इस्तेमाल करके
        उठाई गई है य' दीवार...

हमारी मजबूरी
(या कि ताक़त)
    कि दिल के सिवा
        कोई सहारा नहीं
            कोई चारा नहीं
                दिल के सिवा।

यही सवाल रहेगा

उसको गर आराम नहीं है
लब पे सियाही, ख़ाम[1] नहीं है
हाथ में उसके जाम नहीं है

तो मैं कैसे सो सकता हूँ
ख़्वाब में कैसे खो सकता हूँ
ख़ार ही दिल में चुभो सकता हूँ

कब तक ये ही हाल रहेगा
दहर[2] मिरा पामाल[3] रहेगा
लब पे यही सवाल रहेगा

---

1. कोमलता, मृदुलता 2. युग, समय 3. दुर्दशाग्रस्त

शिकायत किसी से क्यूँकर हो

देश में भी हूँ मिस्ले-परदेसी[1]
फिर शिकायत किसी से क्यूँकर हो

अपने हिस्से की मैंने ख़ुद ले ली
फिर शिकायत किसी से क्यूँकर हो

कुल जहाँ है गिरफ़्ते-ख़ूँरेज़ी[2]
फिर शिकायत किसी से क्यूँकर हो

घर-गिरिस्ती के साथ दरवेशी
फिर शिकायत किसी से क्यूँकर हो

इतना बे आबरू हूँ पहले ही
फिर शिकायत किसी से क्यूँकर हो

---

1. परदेशी जैसा 2. मार-काट मची है

क़त्आ और शे'र

ख़ास अपनों ने तो दिल मेरा चाक चाक किया
आख़िरी साँस तलक याद मुझे आये आप
आपकी याद से जुड़ कर ही दरिया पार किया
फ़र्क़ क्या पड़ना अगर बाद मिरे आये आप

☙❧

कि ख़्वाहमख़्वाह अपनी आँख को तुम नम करोगे
किसी नाचीज़ को काँधे पे' अपने क्यूँ धरोगे
सुनो, सुनो मिरी मिट्टी को उठाने वालो
यहीं रख दो कहीं, पाँवों को क्यूँ तकलीफ़ दोगे

☙❧

यहीं कहीं, इसी कूचे में था इक मैकदा, याराँ
उसी में हम सुकूँ पाते थे, छलकाते थे जामे-जाँ,
नहीं वो दौरे-सहबा[1] अब, लुढ़ा दो क़तरे तलछट के
चलो, मिल आयें साक़ी से, क़फ़न ओढ़े पड़ा है वाँ

☙❧

कल कू-ए-यार में मिली इक रूहे-दिलफ़िग़ार[2]
सब्ज़ा न कहीं शम्अ, फ़क़त आह इक नज़ार[3]
ख़ूनाबफ़िशाँ[4] ख़्वाब ज्यूँ चुनने को मैं झुका
सैलाब फट पड़ा कि रहे-दीदा[5] बेक़रार

☙❧

---

1. शराब के दौर 2. विदीर्ण हृदय आत्मा 3. धीमी, कमजोर 4. ख़ून में लिथड़े 5. आँखों की राह

तेरे दर पे जब गया तो वा[1] न था, क्रिस्मत मिरी
वस्ल से वाक़िफ़ नहीं हूँ, हिज्र से ख़ूगर[2] हूँ मैं
तिश्नालब मुझको न कहिए, तेरे रहमोकरम से
नेमतें मुझ पर बहुत हैं, याने चश्मेतर हूँ मैं

॥ॐ॥

आँख जब आँसुओं से पुर होगी
रहबरी को तू ख़ुर्दबीं[3] होगा,
बात सज्दे की अगर आयेगी
आस्ताँ[4] तू, तु ही जबीं[5] होगा

॥ॐ॥

नीलगूँ आस्माँ के पर्दे से
किसी ने एक झलक दिखलाई,
यूँ लगा, दिल के शामियाने में
बजा रहा हो कोई शहनाई

॥ॐ॥

तिरे साथ थी रहे-ज़िन्दगी मानिंदे-कहकशाँ[6]
अब तो हरेक लम्हा लगे नफ़्से-संगे-मील[7]
आहंग कभी जाता था बाज़ार के उस पार
अब तो हूँ वीराने में, तै कर सफ़र तवील

॥ॐ॥

---

1. खुला हुआ 2. अभ्यस्त 3. सूक्ष्मदर्शी 4. दहलीज़ 5. माथा 6. आकाशगंगा की भाँति 7. मील-पत्थर की उखड़ती हुई साँस

मैं अपने आपको मै में डुबो कर
बनूँ क्योंकर किसी शीशे का क़ैदी!
ख़ुमारी का जहाँ तक मामला है
मिरी आँखों में वो पहले से है ही।

౸౸

सैयाद के अहद में फ़रियाद भला किससे
बेदाद पासबाँ गर, इम्दाद भला किससे
जम्हूरियत का दावा, हर फ़र्द[1] ला मुदावा[2]
भटई करें सहाफ़ी,[3] रूदाद[4] भला किससे

౸౸

इश्क़ वो शै है ज़रूरत न जिसे कोई सुबूत
ख़ुद ही गहवारा[5] है ख़्वाबों का, औ खुद ही ताबूत
क्या ज़रूरत है उसे ख़ाम-ओ-कर्तास[6] भला
वो तो लिखता है उँगलियों से हवाओं पे' ख़ुतूत

౸౸

किसी का नाम लो कि तीरगी का दम निकले
इसी उधेड़बुन में उस गली से हम निकले
वो राह सीधी औ' महफ़ूज़[7] समझ पकड़ी थी
क़दम क़दम पे' मगर रम्ज़े-पेचोख़म[8] निकले

౸౸

---

1. व्यक्ति 2. बिना उपचार, बे सहारा 3. पत्रकार, अख़बारनवीस 4. वृत्तांत, हालचाल, संवाद
5. हिंडोला, झूला 6. स्लेट-बत्ती 7. सुरक्षित 8. गली-कूचों के मोड़ और घुमाव

वाँ कोई नहीं दरवाज़ा था
दीवारों का शीराज़ा था
क्यूँ मुझको वहाँ ले जाया गया
पहले से ही अंदाज़ा था

☙

मिरे घर की राह, यारो, है तवील, ख़ार भी हैं
क्यूँ उठानी भला ज़हमत, वहीं दूर से पुकारो

☙

अब तसल्ली की उम्र बीत गई
तिश्नगी जीत गई, जीत गई

☙

दीबाचा[1] फ़क़त शे'र का मिसरा अव्वल[2]
कहाँ उसके बूते कि बूझे मआनी

☙

शबे-विसाल को उम्रे-दराज़ मत कहिए
वो आये, साथ में परवान-ए-अलिफ़[3] लाये

☙

---

1. भूमिका, प्रस्तावना 2. पहली पंक्ति 3. उर्दू लिखावट में 'विसाल' शब्द की वर्तनी और उसमें 'अलिफ़' अक्षर की दख़लंदाज़ी यानी अलगाव पर यहाँ व्यंग्य है।

लिख लिख कर अम्बार लगाये जाते हो
समझेगा अंदाज़े बयाँ ये कौन यहाँ?

☙❧

अब भला साहिबे-दीवान के मा'नी क्या हैं
अब तो शाइर वही, जिसका कोई दीवान न हो

❑❑❑

राजपाल एण्ड सन्ज़ की स्थापना एक शताब्दी पूर्व 1912 में लाहौर में हुई थी। आरम्भिक दिनों में अधिकतर धार्मिक, सामाजिक और देश-प्रेम की पुस्तकें प्रकाशित होती थीं और हिन्दी के अतिरिक्त अंग्रेज़ी, उर्दू व पंजाबी भाषा में भी पुस्तकें प्रकाशित की जाती थीं।

1947 में भारत-विभाजन के बाद राजपाल एण्ड सन्ज़ को नए सिरे से दिल्ली में स्थापित किया गया और साहित्यिक पुस्तकों के प्रकाशन का आरम्भ हुआ। रामधारी सिंह दिनकर, महादेवी वर्मा, बच्चन, अज्ञेय, शिवानी, आचार्य चतुरसेन, विष्णु प्रभाकर, राजेन्द्र यादव, मोहन राकेश, रांगेय राघव, कमलेश्वर और अन्य साहित्यिक लेखकों की कृतियाँ यहाँ से प्रकाशित होने लगीं। राजपाल एण्ड सन्ज़ से प्रकाशित *मधुशाला, कुरुक्षेत्र, मानस का हंस, आवारा मसीहा, कितने पाकिस्तान, आषाढ़ का एक दिन* जैसी पुस्तकें हिन्दी साहित्य की 'क्लासिक पुस्तकें' मानी जाती हैं और आज भी लोकप्रियता के शिखर पर हैं। भारत के राष्ट्रपतियों और प्रधानमंत्रियों की पुस्तकें प्रकाशित करने का गौरव भी राजपाल एण्ड सन्ज़ को प्राप्त है। नोबेल पुरस्कार से सम्मानित अर्थशास्त्री डॉ. अमर्त्य सेन की सभी पुस्तकों के हिन्दी अनुवाद यहाँ से प्रकाशित हैं। अन्तरराष्ट्रीय चर्चित पुस्तकों के अनुवाद, विश्वविख्यात कोशकार डॉ. हरदेव बाहरी द्वारा सम्पादित 'राजपाल' शब्दकोशों की शृंखला और किशोरों के लिए सैकड़ों पुस्तकें राजपाल एण्ड सन्ज़ से प्रकाशित हुई हैं।

पाठकों के स्वस्थ और सुरुचिपूर्ण मनोरंजन और ज्ञानवर्धन के लिए समर्पित राजपाल एण्ड सन्ज़ से हिन्दी और अंग्रेज़ी में पुस्तकें प्रकाशित होती हैं जो देश के सभी बड़े पुस्तक-विक्रेताओं और विश्व भर के ऑनलाइन विक्रेताओं के यहाँ उपलब्ध हैं।

राजपाल एण्ड सन्ज़

1590 मदरसा रोड, कश्मीरी गेट, दिल्ली-6, फोन: 011-23869812, 23865483
email: sales@rajpalpublishing.com, facebook: facebook.com/rajpalandsons
website: www.rajpalpublishing.com

कारवाने ग़ज़ल

हर जुबान से सबसे मीठी बातें होती हैं प्यार-मोहब्बत की, और जब ये उर्दू जुबान में कही जायें तो इन्हें 'ग़ज़ल' कहा जाता है। ग़ज़ल एक ख़ास किस्म की काव्य-विधा है जिसकी शुरुआत अरबी साहित्य में पायी जाती है। अरबी से जब ग़ज़ल फारसी में आयी तो इसमें सूफीवाद और अध्यात्म भी जुड़ गये; और हिन्दुस्तान की सरज़मीं पर आते-आते ग़ज़ल की जुबान उर्दू हो गयी। हिन्दुस्तान में कहाँ पर ग़ज़ल की शुरुआत हुई, उत्तर भारत या दक्कन में, इस पर विवाद है। शुरुआत कहीं भी हुई हो, लेकिन हिन्दुस्तानियों ने ग़ज़ल को पूरी तरह से अपना बना लिया और इसे देवनागरी में भी लिखा जाने लगा। प्रतीकों और संकेतों के ज़रिये भावपूर्ण अभिव्यक्ति करने वाली ग़ज़ल में प्रेम और श्रृंगार के अलावा दर्शन, सूफीवाद, अध्यात्म, देशभक्ति, नैतिक सिद्धान्त सभी विषयों पर लिखा जाता है।

कारवाने ग़ज़ल में हिन्दी के नामी कवि और उर्दू के विशेषज्ञ, सुरेश सलिल, ने अमीर खुसरो से लेकर परवीन शाकिर तक, 173 चुनिंदा शायर और कवि जो अब हमारे बीच नहीं हैं, की ग़ज़लों का इन्द्रधनुषी गुलदस्ता सजाया है।

ISBN: 9789350643990

पृष्ठ: 352

शायरी की अन्य चर्चित पुस्तकें

तल्ख़ियां

कागज़ की कश्ती

उर्दू है मेरा नाम

चिराग़ फिर भी चिराग़ है

सात पाकिस्तानी

ख़ामोशी

दूसरा इश्क़

आँसुओं का तर्जुमा

सरहद के आर-पार की शायरी :
अज़हर फ़राग़ और कमाल परवाज़ी

सरहद के आर-पार की शायरी :
सऊद अशरफ़ उस्मानी और रऊफ़ रज़ा

सरहद के आर-पार की शायरी :
रफ़ी रज़ा और तुफ़ैल चतुर्वेदी

नीला नीला

सभी पुस्तक विक्रेताओं और सभी
प्रमुख वेबसाइट पर उपलब्ध
www.rajpalpublishing.com